Inhalt

Ladungsträger - unscheinbare Helfer mit großer Wirkung

Kernthesen

Beitrag

Fallbeispiele

Weiterführende Literatur

Impressum

Ladungsträger - unscheinbare Helfer mit großer Wirkung

I.Zeilhofer-Ficker

Kernthesen

- Hunderte von Millionen Kisten, Paletten und Containern helfen beim Transport von Gütern aller Art.
- Die Wahl der passenden Ladungsträger sowohl im internen als auch unternehmensübergreifenden Bereich kann große Effektivitäts- und Effizienzsteigerungen bringen.
- Ideal sind Ladungsträger, die ohne zusätzliches Handling direkt vom Lieferanten an den Produktionsbereich des Kunden oder an den Point-of-Sale im

Handel verbracht werden können.
- Der Trend geht hin zu Ladungsträgern, die mit RFID-Tags versehen sind und so eine transparente, automatische, aktuelle Übersicht von Ladung und Behältern ermöglichen.

Beitrag

Ladungsträger braucht man überall

Wo immer Waren produziert, transportiert oder gelagert werden, braucht man in der Regel Behälter oder Hilfsmittel zur Handhabung, Stabilisierung und als Schutz vor Beschädigung und Verschmutzung des betreffenden Gutes. Viele verbinden mit dem Begriff Ladungsträger in erster Linie Holzpaletten, die vor allem beim Transport unverzichtbar sind. Tatsächlich gibt es aber viele Hunderte von verschiedenen Ladungsträgern - von der Transportkiste, über die Klappbox bis hin zum Kleinteilebehälter, die für die verschiedenen Einsatzbereiche unverzichtbar sind. (1)

Die logistischen Prozesse werden heutzutage immer öfter unternehmensübergreifend betrachtet. In Branchen, in denen mit einer geringen

Wertschöpfungstiefe gearbeitet wird, wird die Versorgungslogistik zum ausschlaggebenden Wettbewerbsfaktor. Jedes Teil, jede Baugruppe muss zur richtigen Zeit in der richtigen Reihenfolge fertig verarbeitbar am Montageplatz zur Verfügung stehen. Optimal ist die Versorgung, wenn die Baugruppe dazu nicht erst umgepackt oder umgelagert werden muss, da jedes zusätzliche Handling mit einem Qualitätsrisiko behaftet ist. Die Wahl des passenden Ladungsträgers kann in hohem Maße beeinflussen, wie effizient am Verbauort oder in Lager und Versand gearbeitet werden kann. Viele Ladungsträger, die im industriellen Bereich zum Einsatz kommen, werden deshalb genauestens zwischen Kunde und Lieferant abgestimmt. Auch für die Belieferung des Handels hat der Kunde ein gewichtiges Wörtchen mitzureden. Vor allem die Discounter, aber auch Supermärkte und Warenhäuser stellen entsprechende Anforderungen an die Verpackung auf (Halb-) Paletten oder Kisten, die direkt auf der Verkaufsfläche platziert oder einfach entladen werden können. (2), (3), (4)

Daneben müssen die diversen Behälter entsprechende Vorschriften für beispielsweise den Kontakt mit Lebensmitteln erfüllen und einfache, effiziente und sichere Lade- und Transportprozesse ermöglichen.

Behältermanagement - Behälterkreisläufe

Seit den 60er Jahren des vergangenen Jahrhunderts gibt es so genannte Tauschpools für Europoolpaletten. Diese genormten Paletten wurden von europäischen Eisenbahnen entwickelt, die sich zur Einhaltung von festgelegten Maßen und Qualitätsvorschriften verpflichteten. Daraus hat sich ein riesiger Palettentauschpool entwickelt, der sich nicht nur im Bahnverkehr, sondern vor allem zwischen Verladern und deren beauftragten Transportunternehmen durchgesetzt hat. 60 Prozent aller Europaletten werden von Spediteuren gegen Miete zur Verfügung gestellt, etwas mehr als ein Viertel sind im Besitz von Industrieunternehmen, der Rest gehört dem Handel. (5)

Da die Paletten mehrfach verwendet werden können, entstand ein riesiger Kreislauf - allein in Deutschland sind 125 Millionen Paletten unterwegs, in Europa über 500 Millionen. Und auch andere Ladungsträger werden häufig in Pools gemanagt. Neben Europool gibt es noch eine ganze Reihe anderer Paletten- und Behälterpools, die von diversen Kundengruppen genutzt werden. Durch die komplizierten, oft uneinheitlichen Tauschprozesse, sind Beschaffenheit, Kosten und Eigentumsverhältnisse allerdings häufig

Grund für Differenzen zwischen den Vertragspartnern. (6), (7), (8)

Im industriellen Umfeld liegt deshalb meist das Behältermanagement in den Händen des Produktionsunternehmens, dem die qualitativ zufriedenstellende Verfügbarkeit von allen benötigten Ladungsträgern wichtig ist. Das Tauschsystem zwischen Spediteur und Verlader hat sich als störanfällig und teuer herausgestellt. Ein Trend geht deshalb hin zum Weiterverkauf der Ladungsträger, der sich auch als wirtschaftlich vorteilhafter erwiesen hat. Tauschpools dürften künftig nur noch eine Zukunft haben, wenn die Paletten bzw. Behälter höchsten Qualitätsstandards entsprechen und die Eigentumsverhältnisse über AUTO-ID-Verfahren wie RFID zweifelsfrei feststellbar sind. (3), (8)

Die traditionelle Holzpalette könnte also bald ausgedient haben - ist sie doch reparaturanfällig und oft schon nach einmaliger Verwendung kaum noch zu gebrauchen. Kunststoffpaletten dagegen sind langlebiger, können leichter gereinigt werden und sind außerdem recyclingfähig. Dieses Material setzt sich deshalb vor allem im Lebensmittelbereich durch. 290 Millionen Obst- und Gemüseboxen sind bereits im Umlauf. Ähnlich ist die Situation bei Transportbehältern für Fleisch - hier sind europaweit rund 300 Millionen Mehrwegkisten unterwegs. (9), (10)

Da die Lieferketten durch die Globalisierung zunehmend komplexer werden, wünschen sich viele Marktteilnehmer eine weitere Standardisierung der diversen Ladungsträger. Im Lebensmittelbereich sind entsprechende Zertifizierungen unabdingbar. (4), (7)

RFID - Behältermanagement der Zukunft?

In der Automobilindustrie sind Ladungsträger mit RFID-Tag vor allem in der Produktionslogistik bereits an der Tagesordnung. Und auch im Handel - speziell bei hochpreisigen Waren - ist die automatische Identifizierung mittels Radio-Frequenz-Identifizierung gut etabliert. Die Transponder senden beim Passieren von entsprechenden Lesegeräten ein Signal, das sie eindeutig identifiziert. Das heißt: Jeder Transponder hat seinen eigenen Code und kann dadurch nicht verwechselt werden. Zusätzlich können auf dem Tag Daten über die auf dem Ladungsträger transportierte Ware gespeichert und per Lesegerät abgerufen werden. Dazu ist kein visueller Kontakt nötig - die Kommunikation geschieht automatisch per Funksignal. So sind Standorte, Produktinformationen und sonstige Daten jederzeit transparent und aktuell ersichtlich. Das Behältermanagement - auch im Pool - kann mit dieser Technologie wesentlich vereinfacht und verbessert werden, da die Bestandsbuchführung quasi automatisch erfolgt. Es ist also jederzeit feststellbar, wo sich ein bestimmter Ladungsträger gerade befindet, die volle Transparenz über die zurückgelegten Transportwege ist gewährleistet. Gleiches gilt natürlich auch für das auf der Transporthilfe beförderte Gut. Auch hierfür ist durch entsprechende RFID-Daten eine lückenlose Rückverfolgbarkeit sichergestellt. (3), (11), (12)

Trends

Eine Standardisierung der Ladungsträger im internationalen Umfeld sowie modulare Ladungsträgerkonzepte sind die wichtigsten Anforderungen für die Zukunft, die von den diversen Logistikpartnern immer wieder genannt werden. Darüber hinaus wird RFID immer interessanter. (13)

96 Prozent aller Unternehmen, die bereits mit RFID-Anwendungen Erfahrungen gesammelt haben, sind mit der Technologie so zufrieden, dass sie weitere RFID-Projekte planen. In der Fleischwirtschaft gibt es Planungen, entsprechende Ladungsträger künftig mit RFID-Tags auszustatten, um eine lückenlose Rückverfolgbarkeit zu gewährleisten. Und auch im Palettenbereich gibt es schon neue Produkte, die über RFID identifiziert werden. Da bisherige Anwendungen sehr überzeugend laufen, dürfte das Behältermanagement künftig zu einem Großteil über

RFID abgewickelt werden. Vor allem im industriellen Bereich kann so sehr genau festgestellt werden, wo sich ein Ladungsträger gerade befindet, und wann er wieder eingesetzt werden kann. (4), (11)

Aber auch andere Anwendungen von intelligenten Ladungsträgern mit RFID sind bereits in der Entwicklung. Das Fraunhofer Institut für Materialfluss und Logistik arbeitet beispielsweise an einem Projekt, das erprobt, wie Warensendungen mithilfe der RFID-Technologie praktisch ihren Weg durch diverse Lieferstationen selbst finden - alles voll automatisch. Das Fraunhofer-IML sieht in der RFID-Architektur die Basis für die Logistiksysteme der Zukunft. (12), (13)

Fallbeispiele

Ein Einsparpotenzial von 20 Prozent der Leergut-Transportkosten sieht man beim Nutzfahrzeughersteller MAN im Behältermanagement. In einem aufwendigen Projekt wurden alle Behälterströme zwischen den diversen Werken und Lieferanten visualisiert und validiert. So konnte man sich einen guten Überblick darüber verschaffen, wie, wann und wo welche Leerguttransporte abgewickelt werden. Optimierungspotenziale wurden dadurch sichtbar und teilweise auch schon umgesetzt. Rund acht

Prozent geringere Leergut-Transportkosten konnten dadurch bereits erreicht werden. (1)

Auch bei Bosch in Hildesheim geht man neue Wege. Für die Bereitstellung der einzelnen Baugruppen für die Endmontage von Startern nutzt man nun ein Konstruktivverpackungssystem der Firma SSI Schäfer. Dabei bleibt der Behältertyp immer der gleiche, allerdings sind die Inlays auf die Konturen der Bauteile zugeschnitten. Diese Inlays lassen sich einfach austauschen, sodass die Grundbehälter variabel verwendbar sind. Die gefundene modulare Lösung erlaubt die automatisierte Zulieferung und Produktion. Die Behälter können eine Traglast von bis zu 70 kg bewältigen. Die Baugruppen werden in ihren Behältertypen in einem Umlaufsystem zwischen den Werken sicher transportiert. Das Projekt läuft für alle Beteiligten zur vollsten Zufriedenheit. (14)

Weiterführende Literatur

(1) Kurze Wege für Behälter
aus LOGISTIK HEUTE, Heft 05/2010, S. 24-25

(2) Versorgungslogistik – Agilität als Erfolgsfaktor in turbulenten Zeiten
aus Zeitschrift für wirtschaftlichen Fabrikbetrieb, Heft 06/2010, S. 569-576

(3) RFID-getagte Kunststoff-Halbpalette Macht

Logistikprozesse transparent
aus dei - die ernährungsindustrie, Heft 9, 2010, S. 34

(4) Klappkästen können eine Alternative sein
aus Fleischwirtschaft 09 vom 23.09.2010 Seite 045

(5) Kostenträger Ladungsträger
aus Verkehrs Rundschau, Heft 36/2010, S. 46

(6) Palettenpools - Eine Frage der Branche
aus Materialfluss, Heft 10/2010, S. 36-38

(7) Standards gefragt
aus LOGISTIK HEUTE, Heft 09/2010, S. 60-61

(8) Weiterverkauf statt Tausch Neues
Handlingkonzept soll Palettenkosten senken
aus Der Betriebsleiter, Heft 09/2010, S. 46

(9) Süßes ohne Späne
aus LOGISTIK HEUTE, Heft 09/2010, S. 58-59

(10) Mehrweg bricht sich Bahn
aus Lebensmittel Zeitung 18 vom 07.05.2010 Seite 053

(11) Begehrte Transponder
aus LOGISTIK HEUTE, Heft 10/2010, S. 28-29

(12) Die Welt wird smart
aus DVZ, Nr. BLOG vom 19.10.2010

(13) Stiefkind Ladungsträger
aus DVZ, Nr. 90 vom 29.07.2010

(14) Ein praktisches Tool für die Bosch-Welt

aus PACKREPORT Nr. 07-08 vom 18.08.2010 Seite 008

Impressum

Ladungsträger - unscheinbare Helfer mit großer Wirkung

Bibliografische Information der deutschen Nationalbibliothek

Die Deutsche Nationalbibliothek verzeichnet diese Publikation in der deutschen Nationalbibliografie; detaillierte bibliografische Daten sind im Internet über http://dnb.d-nb.de abrufbar.

ISBN: 978-3-7379-1113-9

© 2015 GBI-Genios Deutsche Wirtschaftsdatenbank GmbH, Freischützstraße 96, 81927 München, www.genios.de

Alle Rechte vorbehalten. Dieses Werk ist einschließlich aller seiner Teile – z.B. Texte, Tabellen und Grafiken - urheberrechtlich geschützt. Jede Verwertung außerhalb der Grenzen des Urheberrechtsgesetzes bedarf der vorherigen Zustimmung des Verlags. Dies gilt insbesondere auch für auszugsweise Nachdrucke, fotomechanische Vervielfältigungen (Fotokopie/Mikroskopie), Übersetzungen, Auswertungen durch Datenbanken oder ähnliche Einrichtungen und die Einspeicherung und Verarbeitung in elektronischen Systemen.